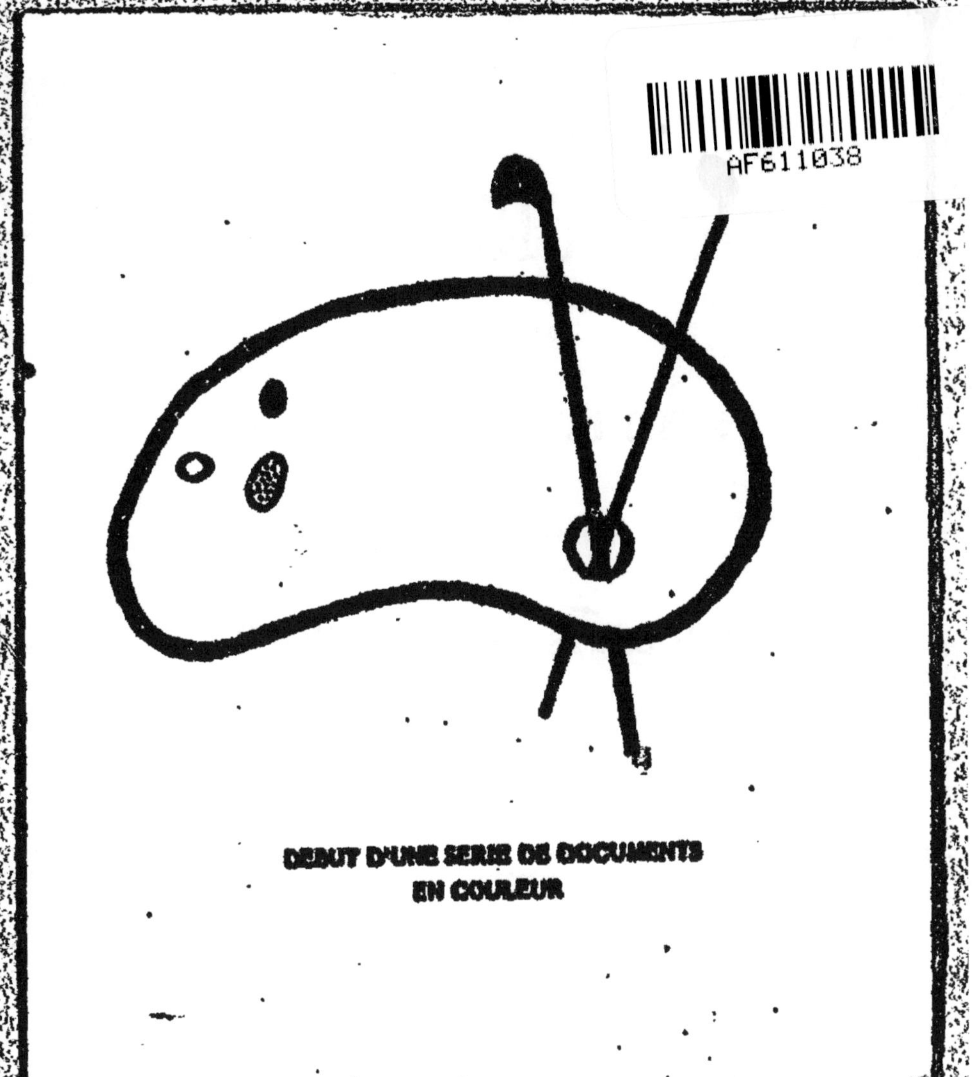
AF611038
DEBUT D'UNE SERIE DE DOCUMENTS
EN COULEUR

R
1649

# DE INGENUIS MORIBUS

AUCTORE

**PETRO PAULO VERGERIO**

TRADUCTION PAR

**M. LE VICOMTE DE CARRIÈRE**

PARIS
H. CHAMPION, LIBRAIRE-ÉDITEUR
15, Quai Malaquais, 15,

1878

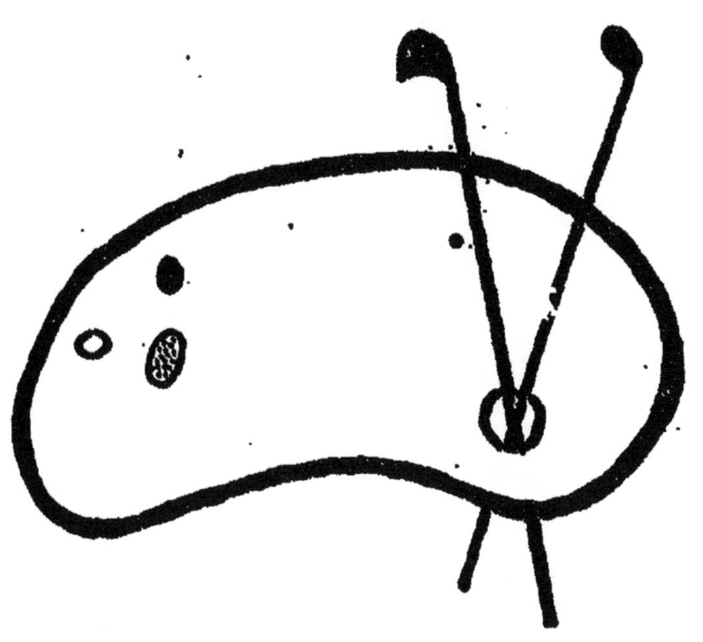

FIN D'UNE SERIE DE DOCUMENTS
EN COULEUR

# DE INGENUIS MORIBUS

8° R
1649

Arcis-sur-Aube. — Typ. Léon Frémont.

# DE INGENUIS MORIBUS

AUCTORE

PETRO PAULO VERGERIO

BIBLIOTHÈQUE NATIONALE
R.F.
IMPRIMÉS

TRADUCTION PAR

M. LE VICOMTE DE CARRIÈRE

PARIS
H. CHAMPION, LIBRAIRE-ÉDITEUR
15, Quai Malaquais, 15,

1878

# PRÉFACE

Pierre-Paul Vergerio, auteur de l'ouvrage *de Ingenuis Moribus*, fut un des meilleurs littérateurs de son temps, et écrivit assez purement le latin qui fut toujours la langue privilégiée des savants. Né vers 1349, à Capo d'Istria (l'ancienne Justinopolis), d'une famille illustre mais déchue de sa splendeur, il s'attacha au cardinal François Zabarella, et ayant obtenu le 5 mars 1404 le laurier doctoral dans les facultés de droit et de philosophie à Padoue, François de Carrara lui confia l'éducation de ses enfants. Ce fut pour eux qu'il composa le traité dont nous donnons aujourd'hui la traduction, et il le dédia, pour les raisons qu'il donne lui-même, à Ubertin, le troisième fils de son maître.

Ubertin de Carriere (Carrariæ), naquit à Florence le

25 janvier 1390 de François Novello, roi de Padoue, duc de Carrara, comte d'Anguillara, vicaire de l'Empire, etc., et de Thadée d'Este des marquis de Ferrare. Sa famille était alors dépossédée de ses Etats par Jean Galeas Visconti, et son père y rentra le 19 juin de la même année, après avoir montré un courage héroïque. La vie d'Ubertin fut courte et malheureuse. Revenu à Padoue en 1398, il se distingua à l'âge de douze ans, en 1403, dans la guerre contre les Visconti, et l'année suivante fut armé chevalier à la prise de Vérone. Dans la dernière guerre de sa famille avec Venise, il défendit avec valeur le poste de Gambarara qui lui avait été confié, et Padoue étant tombée en 1405 il se rendit à Florence. Après la strangulation de son père, celles de François III et de Jacques ses frères ainés, par la république de Venise, sa vie fut mise à prix, et un misérable nommé Scanferlon l'empoisonna à Florence où il mourut le 7 octobre 1407, et fut enseveli à Santa Riparata, aujourd'hui le Dôme. Marsilio, son dernier frère, étant devenu l'unique représentant de sa famille, se maria à Florence, en 1411, avec Marie Fieschi, en français de Fiesque, des Fieschi de Gênes, comtes de Lavagna, et continua la fa-

mille. Ayant tenté de recouvrer ses Etats, il fut pris par Venise et exécuté sur la place Saint-Marc, le 24 mars 1435.

Le texte qui a servi à cette traduction m'a été communiqué aux imprimés de la Bibliothèque nationale, rue de Richelieu, à Paris ; il fait partie d'un livre dont l'impression est de l'année 1493 ; les mots sont, pour la plupart, en abrégé suivant la coutume du temps ; sur les marges on voit de l'écriture et des figures qui indiquent des passages notés peut-être par le premier possesseur de ce livre, et des lignes soulignées. Il existe une lacune dans le texte, je l'ai conservée dans la traduction, mais elle ne paraît pas nuire au sens,

L'opuscule de *Ingenuis moribus* fut imprimé, pour la première fois avec d'autres petits traités du même genre, à Milan, en 1474, in-4o, et dans la même ville en 1477. On cite encore deux éditions de Brescia en 1405, trois de Florence, et une de Venise dans le quinzième siècle.

Il a été réimprimé plusieurs autres fois en Italie dans les premières années du seizième siècle avec des commentaires qui ne servent qu'à obscurcir le texte. On apprendra avec intérêt qu'un beau manuscrit de l'ouvrage existe aujourd'hui encore dans les archives de la branche italienne des anciens princes de Padoue, les comtes Papafava dei Carraresi, branche qui a fourni elle-même un souverain à cette ville en 1345 en la personne de Marsilietto Papafava di Carrara.

Versailles, mai 1878.

CECI est l'ouvrage très-remarquable de PIERRE-PAUL VERGERIO, Justinopolitain, intitulé : *Des Manières distinguées*, et dédié à Ubertin de Carrière.

François-le-Vieux, votre grand père, dont il existe plusieurs grands et magnifiques actes, avait coutume de dire, entr'autres sages maximes qu'il a laissées, qu'il y avait trois choses auxquelles devaient regarder les parents à l'égard de leurs enfants, et que ce leur était facile et de leur droit et devoir. D'abord, de leur donner des noms honnêtes, car ce n'est pas pour peu de temps, et un mince désavantage que d'avoir reçu un vilain nom à sa naissance. En cela la plupart des parents ont coutume de se tromper, soit par une certaine légèreté, soit parce qu'ils veulent être regardés comme les auteurs de noms nouveaux, ou transmettre avec plus de sûreté à leurs postérité ceux qu'ils ont reçu de leurs ancêtres comme un patrimoine de famille.

La seconde : *De les placer dans des villes célèbres* puisque la grandeur et l'illustration de la patrie domine tout ; tant sous le rapport des richesses que sous celui de la gloire, et sous celui que lui-même établissait, et nous nous rangeons à son avis.

A ce propos, on se rappelle ce que Thémistocle qui était Athénien de Sériphe répondit à quelqu'un qui lui disait qu'il était illustre non par son propre mérite, mais par la gloire de sa patrie. « Si tu étais Athénien tu serais illustre, et si tu étais de Sériphe tu serais inconnu.»

La troisième : *D'instruire leurs enfants dans les arts honnêtes*. Comme il était regardé comme l'homme le plus prudent de son temps, il trouvait cette dernière chose la plus avantageuse des trois. Car, disait-il, les parents ne peuvent donner à leurs fils des richesses plus certaines, ni une sauvegarde plus puissante dans la vie que s'ils les y engagent, formés par les arts honnêtes et libéraux. C'est en effet de cette manière que les noms obscurs et les lieux inconnus s'élèvent et s'illustrent. Il disait encore, puisque les lois ne permettent à personne de changer son nom (ou du moins sans fraude), et que personne n'empêche de changer de domicile à moins d'avoir été élevé dès l'enfance dans les arts honnêtes ou d'y avoir été façonné avec soin, il n'est pas facile plus tard de s'y former ou d'y adonner continuellement son attention. *Il faut dès cet âge préparer à l'enfant les bases du bien vivre, et former son cœur à la vertu pendant qu'il est tendre et propre à admettre quelqu'impression que ce soit, laquelle prise alors il la conservera le reste de sa vie.* Il convient que ce soient les parents surtout qui cherchent à bien instruire leurs enfants, afin que les fils ensuite puissent paraître dignes de bons parents, *surtout ceux qui sont dans un rang élevé dont les paroles et les faits ne peuvent être cachés.* Ainsi il convient qu'ils soient instruits des arts principaux afin qu'ils soient regardés dignes de la fortune et des dignités qu'ils obtiennent. Car il est juste que ceux qui veulent que tout leur soit dû, s'en rendent dignes par eux-mêmes.

Car encore, il n'y a pas de moyen plus certain ou plus solide de régner pour ceux qui obtiennent des trônes que d'en être jugés les plus dignes par tous. C'est pourquoi je m'adresse à vous, Ubertin, dont le nom est célèbre dans votre famille, et a été jadis illustré par celui de votre race, qui, le sixième, tient le sceptre dans cette très-antique ville, renommée pour l'étude de tous les arts honnêtes, et riche en ressources de tout genre pour des hommes de race royale ; vous, né d'un père roi, sous la conduite duquel l'heureux état de la ville et le très-illustre nom de votre famille s'accroissent de jour en jour. Je m'en réjouis à cause de mon attachement pour votre race, à cause de votre bienveillance et de celle des vôtres que m'attirent les soins de votre père, et surtout en voyant votre propension vers les arts honnêtes ; je sens que vous dirigez tous vos efforts vers de nobles études.

A ces trois maximes que nous venons de voir, qui sont l'ambition des parents et qui leur paraissent la perfection, je ne nie pas qu'ils puissent y parvenir surtout s'ils donnent eux-mêmes les noms à leurs enfants. C'est le hasard et non le choix qui donne à l'homme une patrie ainsi que l'éducation, et chacun s'élève par son mérite ; il faut désirer surtout les choses qui peuvent s'acquérir par l'étude ; car les richesses, la gloire, les plaisirs, sont des objets qui se dissipent et tombent ; tandis que le fruit des vertus reste intègre et demeure éternellement. Aussi, si je vous exhorte à vous y livrer assiduement, et si de moi-même je vous le prescris, je vois néanmoins que ce n'est pas nécessaire. Que puis-je en effet vous dire de faire, si ce n'est que vous agissiez toujours comme vous le faites, ou quel meilleur exemple de vertu puis-je vous offrir que vous-même ? Car, par votre nature et les qualités de votre âme et de votre corps, vous paraissez constitué de manière à réaliser toutes les grandes choses ; et Dieu vous a orné de qualités d'autant plus grandes que vous surpassez non-seulement l'espoir, mais encore les vœux de tous ; car qui est le plus susceptible de vous exciter plus fortement l'exhortation de quelqu'un ou l'imitation des autres ? C'est sous le patronage de votre nom que j'ai entrepris ce travail, et à propos des mœurs et des études honnêtes de la jeunesse, j'ai résolu d'écrire ce qui convient aux jeunes gens pour s'y exercer, et ce qu'ils doivent éviter. Il n'y a rien là qui vous regarde particulièrement, mais j'ai voulu avertir la jeunesse en votre nom et donner aux autres des préceptes. Vous vous y reconnaîtrez à ce que vous faites.

Comme l'homme est un composé d'âme et de corps, il paraît s'en suivre d'importantes conséquences, et la force du corps et celle de l'intelligence ; car nous voyons un certain nombre d'individus qui n'ont aucune raison de naître avec un esprit lent et un corps sans ressort. Que de grâces devons-nous rendre à la nature si nous sommes intègres et sains sous ce double rapport : nous devons également la remercier, si nous ne négligeons pas ses dons et si nous avons soin de les entretenir par de bonnes études et des manières honnêtes. Chacun d'abord doit consulter son intelligence ; si à cause de l'âge nous ne sommes pas à même d'examiner les choses, les parents ou ceux qui ont soin de nous, devront nous enseigner ce à quoi la nature nous a faits propres et sujets, il conviendra surtout de nous tourner vers nos études et de nous y adonner entièrement. Ceux que la nature a particulièrement bien doués du côté de l'esprit ne peuvent être contraints ou languir dans une oisiveté inerte ou être employés à des occupations basses. La première preuve d'un esprit libéral est d'être excité par le désir de la louange et d'être enflammé par l'amour de la gloire ; d'où il résulte une certaine envie de produire et si la jalousie ne s'en mêle pas alors, s'élève un combat entre la probité et la louange ; la seconde est d'obéir volontiers aux gens plus âgés, et de ne pas résister à ceux qui vous donnent de bons avertissements, car de même que les chevaux qu'on emploie à la guerre sont faciles à conduire et dressent les oreilles aux sons des trompettes, ainsi les jeunes gens les mieux doués écoutent bien leurs maîtres, et loués sont excités au bien et paraissent offrir avec eux l'espoir de fruits abondants. Ne comprenant pas d'abord le bien, même de la vertu qui honore, ils ne peuvent par la raison envisager la face des choses, et sont portés vers la sagesse, qui, si elle pouvait être vue des yeux du corps, comme dit Platon et le rappelle Cicéron, exciterait d'elle-même les amours ; c'est ainsi que, par l'étude de la louange et de la gloire, on arrive le plus près des meilleures choses. Ceux qui, prompts dans leurs actes, fuyant l'oisiveté, aiment toujours faire bien quelque chose, paraissent encore mieux disposés par la nature ; car pour me servir toujours de la même comparaison, de même que les chevaux de course, qui sont regardés les meilleurs, sont ceux qui au signal donné partent aussitôt, et sans s'arrêter résistent au stimulant des éperons et aux coups de fouet, ainsi les jeunes gens organisant leur temps par des études journalières qu'ils entremêlent d'exercices courts, se remettent promptement au travail sans qu'on les avertisse et sont regardés particulièrement aptes aux œuvres de la vertu. S'ils craignent les menaces et les coups, et à plus forte raison le déshonneur et l'ignominie, ils comprennent la retenue qui, à cet âge, est le meilleur signe. Tout est bien, si, réprimandés ils rougissent, et châtiés deviennent meilleurs et aiment leurs instituteurs, car c'est quelque chose que d'aimer la discipline. Il n'y a pas moins à espérer de ceux qui, par nature, sont doux et se calment facilement pour arriver à une entière probité ; il en est de même alors pour le corps quand l'estomac ne refuse aucune nourriture, ce qui indique une bonne santé; mais il est nécessaire qu'il admette facilement ce qu'il conçoit, et pour cela qu'on lui souffle en même temps les aliments dans les membres afin qu'il ne laisse ou ne méprise rien. En effet, tenir en meilleur part tout ce qui se dit et se fait, est l'idée d'un esprit accompli formé par sa propre nature. Les anciens peuvent nous fournir à ce sujet bien des arguments. Pour ce qui regarde la contenance du corps, Aristote dit que ceux qui sont mous de chair sont appropriés pour l'esprit. Pour le reste on peut consulter ceux qui confessent pouvoir à l'aide de la physionomie saisir le caractère et les mœurs natives de chacun ; nous abandonnons alors ce sentiment, ou bien nous disons connaître au caractère quels hommes seront plus tard nos jeunes gens. Car, dès leur enfance se dénotent chez plusieurs des marques de l'honnêteté future, comme des fleurons, d'où vient que nous disons les jeunes gens de bon naturel par l'apparence même du visage et le geste, et nous présumons si par d'autres actes ils paraissent donner d'eux-mêmes de bonnes espérances. Il est honteux à eux de tromper l'attente des hommes, aussi donne-t-on des louanges à ceux qui ne possèdant pas de tels indices, sont devenus honnêtes, imitant en cela un certain genre de fruits qui, sous une laide et dure écorce, conservent une douce saveur. Aussi Socrate recommandait-il aux jeunes gens de contempler souvent leur image dans un miroir, pour cette raison de couleur, que ceux qui avaient de la dignité dans le visage ne la déshonorassent pas vingt fois, et qu'ils eussent soin de se rendre beaux par leurs mérites plutôt que par une apparence exagérée. J'ajouterai qu'ils pourront peut-être y arriver plus facilement s'ils considèrent non tant leur propre visage que les mœurs d'un homme de bien et un miroir éclatant. Car si Publius Scipion, Quintus Fabius et ceux auxquels la nature dispensa des âmes généreuses, disaient qu'ils avaient été grandement stimulés par la contemplation des traits des hommes illustres, ainsi le même sentiment à la vue du portrait du grand Alexandre, porta Jules-César au faîte du pouvoir. Que peut-il advenir de plus convenable que de contempler cette vive image elle-même et cet exemple encore respirant? Sans doute que les images des ancêtres excitent davantage les autres à l'émulation de la gloire; c'est pourquoi ce que diminue là présence d'un homme, la gloire souvent le complète et l'envie accompagne les vivants. De même qu'une voix forte a plus d'autorité pour porter à l'exemple d'une vraie vertu et à toute doctrine, ainsi les mœurs d'un homme vivant ont plus de valeur morale.

Le jeune homme studieux, que le désir de la vraie vertu et de la gloire excite, qu'il respecte une ou plusieurs personnes, doit aimer les hommes les plus recommandables dont il imitera la vie et les mœurs autant qu'il sera possible à son âge. Que ces jeunes gens ou d'autres plus âgés se fassent en tout temps une raison d'être de modestie et de gravité, et qu'elle soit alors gardée avec un plus grand soin devant de plus jeunes ; car les jeunes gens, par leur âge, sont portés à la faiblesse, et à moins qu'ils ne soient contenus par les exemples et l'autorité des plus âgés ils tombent facilement dans l'erreur. Comme les mœurs de leur âge sont innées en eux, il en est de même pour ce qui arrive aux autres âges, dans l'usage et les préceptes desquels ceux qui sont bons veulent être confirmés et encouragés ; au contraire il faut corriger ceux qui sont mauvais et à qui on n'a pas à adresser des louanges. Plusieurs de ces derniers suivent uniquement la nature, d'autres manquent d'expérience, d'autres enfin font l'un et l'autre ; car les jeunes gens sont surtout larges et libéraux par nature. Aussi ne sont-ils pas experts dans ce qui leur manque, et ils ne vont pas à la recherche de leurs besoins par un travail continuel. Il n'y a pas à craindre pour celui qui a amassé avec assiduité qu'il dissipe témérairement, de même ceux en qui surabonde le sang et la chaleur ne chercheront pas à nourrir leur corps, mais à en augmenter la force, les vieillards feront un raisonnement tout opposé. Si celui qui aura été serré et avare dans sa jeunesse devient vieux, il ne lui sera pas permis ni à ses pareils de faire des largesses, sachant distinguer les nombres et les personnes; et il sera ignorant des mérites, ce qui est l'indice d'une nature corrompue et d'un esprit étroit. Les gens de ce caractère se mettent dans les affaires lucratives, font un ouvrage manuel, se livrent à un commerce, principalement au soin de leur fortune; s'ils sont plus nobles ils cultivent aussi les arts; cependant ils les réduisent toujours comme le reste à une ignoble spéculation qui est bien éloignée de l'inspiration des âmes élevées. Ils ont encore bonne espérance, se promettent facilement de grandes et nombreuses affaires, une plus longue vie que d'autres chez qui on remarque plus que la chaleur habituelle, et pensent devoir suffire à tout travail et dans tous les temps. Et pour cela ils sont magnanimes et élevés de cœur, puisque c'est par la puissance de la chaleur qui porte haut. Aussi, il arrive qu'ils sont arrogants auprès des gens mous, âpres à l'égard de leurs mentors et pleins d'outrages, s'exaltant eux-mêmes aux autres, car ils désirent ardemment de se retirer ; aussi voulant paraître connaître beaucoup de choses, ils révèlent facilement les choses cachées et sont pleins de jactance. On les trouve généralement menteurs et en même temps ignorants ; croyant parler d'accord avec d'autres, ils se trompent dans plusieurs choses. Ainsi poussés par la prétention de régler, ils se trouvent surtout épouvantés de leur audace, et habitués à mentir dans leur jeunesse, ils en conservent l'habitude devenus hommes. Qu'y a-t-il de plus honteux ? Puis rien n'offense plus que les mensonges des jeunes gens qui s'étudient à peine, et trompent des vieillards. Il y aurait moins d'inconvénient pour eux à parler peu, et à ne se prononcer que rarement lorsqu'on leur commande ; car, comme dans un discours mesuré, on peut toujours trouver à reprendre quelque chose, à plus forte raison dans l'un et l'autre y a-t-il matière à erreur. Pour la convenance, assurément, il vaut mieux se taire que parler, car celui qui se tait non à propos, pèche en cela seul qu'il cache quelque chose lorsqu'il parle, ou bien il est dans l'erreur relativement à beaucoup de choses. Il faut veiller à ce que les jeunes gens ne s'habituent pas aux discours honteux et malhonnêtes ; car, ainsi que le dit un poëte et comme l'a répété l'apôtre Paul : « les mauvais discours corrompent les bonnes mœurs. » Sur la voie d'une raison supérieure, puisqu'ils sont avides d'excellences, ils sont aussi pleins de retenue, puisqu'ils craignent de ne pas être honorés et, correcteurs de leurs parents et de leurs maîtres, ils se sont souvenus de la veille, pouvant être contredits également puisqu'ils sont facilement inexpérimentés. Ils sont trop crédules de fait, et par ignorance des choses ils croient vrai tout ce qu'ils entendent dire; aussi ils changent facilement d'opinion, leurs humeurs étant en mouvement à cause de l'accroissement du corps, la chaleur abonde naturellement et elle s'active surtout dans le mouvement. D'un autre côté se forme le tempérament, les désirs viennent avec la faiblesse, et une fois en puissance ces jeunes gens cherchent à faire vite; aussi ils suivent surtout leurs passions et font beaucoup toutes choses. Ceux qui ont des désirs aigus et que la chaleur presse n'agissent pas suivant la raison et la prudence qui pourraient les modérer; aussi je dis avec Sosie de Térence : « Ce n'est pas la « grossièreté qui est nécessaire dans la vie pour l'exer« cice de la volonté et de l'intelligence, si l'on veut que « tout se fasse à souhait et sans exagération. » Ils sont encore misérables, mais non de mœurs méchantes, parce qu'étant portés à la génération, ils ont un sang doux et ils jugent les autres d'après eux, se commettant peu; aussi se figurent-ils souffrir injustement. Ils se réjouissent surtout des amitiés et aiment les associations, que le plus souvent dans la même journée, ils changent et portent aux nues. Quant aux antipathies, il faut y appliquer une doctrine, et de même que les bonnes mœurs doivent être exaltées, les mauvaises, au contraire, devront être diminuées et pour arriver à ce but seront étudiées à fond. Comme il faut surtout compter sur l'éducation domestique pour le soin à apporter aux jeunes gens, on n'a pas l'habitude de la définir par aucune loi. Tout s'y rattache, si je puis m'exprimer ainsi, car il importe à la chose publique que la jeunesse ait de bonnes mœurs dans les villes, et si les jeunes gens sont bien dirigés par la raison, ce sera utile aux cités et bon pour eux mêmes. Il faut tendre à cela surtout à l'égard des spéciaux, comme nous disons, c'est-à-dire ceux qui sont soutenus, la nature à cet âge les portant facilement à suivre leur attrait. Car les différents âges ont leurs défauts qui leur sont propres, la jeunesse est bouillante dans ses passions, l'âge moyen est livré à l'ambition, la vieillesse se consume dans le désir et l'avarice, non que tous ressentent ces défauts de l'âge, mais la plupart des hommes. Il faut veiller à ce que les jeunes gens se conservent le plus longtemps possible sains, car Vénus prématurée énerve les forces de l'âme et du corps, et ils garderont leur santé s'ils s'abstiennent des danses et autres jeux de ce genre, et même de toute fréquentation avec les femmes, ou s'ils ne s'entretiennent pas de ces sortes de choses ou n'en entendent pas parler, car pendant qu'ils sont portés vers les plaisirs par eux-mêmes et la chaleur de l'âge ils courent de grands risques. Car un méchant compagnon peut arriver avec ses conseils, surtout s'ils restent oisifs sans occuper leurs membres, par un exercice honnête, ou leur esprit par un travail utile.

L'oisiveté pousse aux passions et à l'intempérance, aussi il conviendra de fortifier par le travail les jeunes gens qui jouissent de l'exubérance de la santé; pour ceux-ci, l'oisiveté n'est pas seulement nuisible, la solitude aussi est leur ennemie acharnée, parce qu'elle flatte assiduement leur esprit faible de pensées mauvaises et ne lui permet pas de se trouver ailleurs. Car de même que ceux qui sont en proie au désespoir se confient moins à la solitude, il en est ainsi pour ceux dont l'esprit est enchaîné par la volupté; c'est pourquoi ils doivent être éloignés et surtout préservés de toute horreur ou saleté inconvenante. Il ne faut pas les exposer à ces mœurs là; que toute leur vie soit parfaite et qu'ils ne pèchent point pour le mauvais exemple des autres. Qu'ils soient effrayés eux-mêmes par l'autorité; de même que les tiges des arbres sont attachées par de tendres branches afin de ne pouvoir fléchir soit par leur propre poids ou par la force des vents, ainsi il faut donner aux jeunes gens des tuteurs qui les instruisent par leurs avis, dont le contact rebroye leur conscience, et dont l'émulation leur profite. Il y a d'autres choses dans lesquelles il faut les retenir, afin qu'ils n'en abusent, car pour le manger, le boire et le sommeil ils en prennent habituellement plus qu'il ne faut, non que je mette en doute que l'exigence de tempérament ne demande plus ou moins en ces choses, mais chez tous les hommes la nature se contente de peu de supplément si on envisage la nécessité, et il ne faut pas que la volupté la règle. Dans cet âge il faut surtout les éloigner du vin dont le trop fréquent usage est nuisible à un bon tempérament, et trouble grandement l'usage d'une droite raison. Dans ce cas la coutume des Lacédémoniens ne me paraît nullement répréhensible; ils faisaient venir dans leurs repas des esclaves ivres afin que la jeunesse s'instruisît à la vue de leurs discours insensés ou de leurs actes honteux, car l'inhumaine volupté porte préjudice à l'homme et c'est un grand mal qu'il y trouve son plaisir. Cet usage n'était établi que pour montrer à leurs jeunes gens combien il était honteux de paraître ivre; car ils étaient d'avis qu'il fallait régler les enfants dès les plus tendres années pour ce qui regarde la boisson, en leur modérant plus l'eau qu'en leur mélangeant le vin, et cela sobrement et rarement, afin que la boisson leur paraisse donnée plutôt pour retenir la nourriture que pour diminuer la soif, car ce n'est pas seulement de ce qui regarde la vertu qu'il convient de s'occuper, mais de la santé, de mesurer à l'estomac la nourriture et la boisson, de mettre d'accord son sommeil avec les nuits d'hiver, de mettre un terme aux plaisirs par la satiété, de tout modérer par la raison, de prendre de telles habitudes que nous puissions facilement dompter les impétuosités de la jeunesse, et de penser qu'il n'est pas permis de faire tout ce que nous faisons, par force, et suivant l'occasion comme il nous arrive. Avant tout il convient de ne pas négliger chez un jeune homme bien élevé le soin et le respect de la religion et de l'en pénétrer dès ses premières années. Car quelle chose sera sauvée parmi les hommes, chez celui qui méprisera la divinité; et il ne convient pas de porter la superstition jusqu'aux légendes qu'on a coutume à cet âge de condamner et de livrer à la moquerie, mais de rester dans des mesures certaines, non tant parce que, quelque manière que l'on employe soit au dessous de ce que nous pouvons, mais surtout parce que c'est abominable à tout âge. Il faut encore porter les jeunes gens à ne pas exécrer les choses divines, ni à tenir pour risible les noms sacrés, ni à jurer facilement et volontairement, car ceux qui jurent témérairement ont pris souvent l'habitude de se parjurer. A l'égard des vieillards et des supérieurs en âge, il convient d'user de respect, et de les estimer à l'égal des parents : la jeunesse romaine était particulièrement élevée dans les anciens usages ; elle appelait : *Pères*, les sénateurs ; le jour où le Sénat s'ouvrait, elle le conduisait au palais et assistait avec assiduité à l'audience des prêteurs ; et lorsqu'il se séparait, elle reconduisait en nombre les sénateurs chez eux, ce qui fut certainement le principe du respect et de la considération que ces mêmes jeunes gens leur prodiguaient dans un âge plus avancé. Les jeunes gens donc sont attachés librement aux vieillards, et ils ne les abandonnent pas facilement, pouvant profiter dans leur société, et ce n'est pas témérairement qu'ils paraissent vouloir parvenir à leur âge par la vertu. On doit leur apprendre, en outre, de quelle façon il convient de recevoir ceux qui vous visitent, de prendre congé de ceux qui s'en vont, la manière de saluer honnêtement les supérieurs, d'accueillir avec humanité les petits, de traiter les amis et les personnes bienveillantes; il faut encore leur enseigner familièrement ce qui est séant à l'égard des princes, ce qui parait remarquable à leurs enfants, ce qu'on peut noter particulièrement en eux dont les mœurs et la vie facile sont goûtés généralement et la gravité louée. Ces choses sont respectables, et il faut éviter de part et d'autre une sévérité sauvage comme une légèreté bouffonne. On arrive à ce résultat, si chacun se soumet facilement à être blâmé et averti; cette manière de procéder est bonne pour tout âge, et est salutaire quant à la cause et à la condition; car de même que devant un miroir nous connaissons les défauts de notre visage, ainsi en présence d'amis qui nous reprennent nous retenons les erreurs de notre esprit, et c'est là une occasion favorable de nous corriger. Sont

BIBLIOTHEQUE NATI

très-facilement sujets à la déception ceux qui ne peuvent rien entendre qui ne les contriste. La vertu est imbécile si elle est offensée par l'érudition, et qu'on se réjouisse que la manie obéisse aux grands hommes, car c'est l'habitude. Comme ces hommes sont ardemment recherchés, on ne négligera pas ceux qui sont doués d'un esprit médiocre. Pourquoi n'y aurait-il pas d'autant plus à se réjouir que la force de la nature est défectueuse en ces derniers? Tous cependant doivent être dès l'enfance livrés aux études et aux travaux pendant que leurs esprits sont souples et leur âge mobile, comme le dit Maron, et il faut d'autant plus insister que cet âge est plus apte à l'instruction et plus que les autres. On apprend à tout âge à moins peut-être qu'il soit plus honteux à quelqu'un d'apprendre que de ne pas savoir. Ce fut l'opinion de Caton, ce chef de la famille Porcia; approchant de la vieillesse, il apprit les lettres latines, et déjà vieux, les lettres grecques, et il ne crut pas honteux pour un vieillard d'apprendre ce qui était beau à un homme de savoir. Plût à Dieu qu'il soit désagréable à nos jeunes gens d'apprendre en vue de la paresse, et pendant que ceux qui sont à peine sevrés, rougissent d'être sous la férule du maître, que ceux qui ne sont pas dirigés par leur propre jugement soient conduits par de bonnes méthodes à de sérieuses et droites études. Car les uns doivent être alléchés par la louange et l'espoir de l'honneur, les autres par de petits présents et des caresses, d'autres seront trop contraints par des verges. Toutes ces choses doivent être appréciées suivant les formes et modérées par la raison, afin que tour à tour, dans le même esprit, grace à ces moyens, on se passe de précepteurs ; et il faut prendre garde de les choisir ou trop faciles ou trop sûrs, car de même que la trop grande liberté est nuisible à un bon naturel, aussi des réprimandes graves et fréquentes énervent la force de l'esprit et éteignent chez les enfants les petits feux de la nature. Aussi lorsqu'ils craignent de tout oser ils ne peuvent rien, et il arrive que presque toujours ils sont dans l'erreur pendant qu'ils craignent de se tromper dans quelque chose. Dans ceux-ci surabonde une colère noire qu'il faut contenir, et il convient de les abandonner surtout à leur libre arbitre et aux divertissements qui sont le fait de la liberté et des jeux ; cependant, à l'égard des enfants de ce tempérament, Aristote veut qu'on fasse des exceptions, car la plupart deviennent plus spirituels par le fait de l'art. En effet, il arrive que le plus grand nombre doué d'un génie libéral, pendant qu'il suit de droites études, par cela même, fait des efforts ou est ramené par une main sévère ou par certaines oppositions qui servent de barrières, il est forcé alors de résister dans son élan, ou se trouve porté ailleurs. Pour plusieurs, doués d'un esprit libre, la médiocrité de fortune est une entrave, et nés pour de meilleures choses ils furent obligés de regarder au profit. Au sein de difficultés extrêmes une généreuse nature prend le dessus habituellement et la profusion de toutes choses nuit plus souvent aux bons naturels que le manque de tout. De ceux-ci on ne peut dire même avec indignation : Oh ! qu'il était grand ce futur citoyen, s'il s'était rencontré dans de moindres circonstances avec des parents plus dignes ; mais l'habitude prise dès l'enfance, y mit obstacle. Puisque l'usage nous rend facile les moindres choses, il en est de même pour de plus grandes, et les enfants sont portés volontiers à se livrer aux études pour lesquelles ils sont nés et ont été élevés.

Nous regardons particulièrement ce qui se fait dans les villes comme étant ce qu'il y a de mieux à faire ; d'autres le prouvent et le font ; cette démonstration est la plus difficile de toutes à établir, car elle n'est pas libre, où nous y arrivons par de fausses opinions, et portés par une mauvaise habitude et les discours pervers des hommes. Il est donné cependant à certains, par un singulier bienfait de Dieu de pouvoir marcher et se conduire eux-mêmes dans une voie droite sans aucun guide. Dans ce petit nombre, comme dit le poëte, que le grand Jupiter aima ou enfanta (je dis ces mots pour faire la part de la fable), nous mettons au premier rang Hercule dont parlent les Grecs et après eux les Latins.

Hercule ayant vu devant lui deux chemins, celui de la vertu et celui du plaisir, indécis sur le parti qu'il aurait à prendre pour toute sa vie se retira dans la solitude et là, pensant beaucoup et longtemps avec lui-même, étant à un âge où le jugement et le conseil sont faibles, mettant de côté le plaisir, choisit enfin la vertu. Il se traça un chemin vers le ciel en accomplissant un grand nombre de travaux mémorables dans l'opinion des hommes. Ainsi cet homme a bien fait dans notre sens, et nous nous laissons conduire par la force ou les préceptes, ou bien nous cédons à la nécessité, et elle est heureuse la nécessité qui force au bien. Je vous dirai encore, Ubertin, car je vois que cela peut vous toucher, qu'il y a deux choses dans les études et les arts, qui sont propres surtout à la culture de la vertu et à la gloire (choses qui ont une grande affinité) ; je veux parler de la discipline des armes et des lettres.

Il vous conviendrait, pour la satisfaction de votre père, de cultiver celle des armes qu'il est particulièrement nécessaire de suivre pour l'avantage de votre famille. Il se trouve que, par votre esprit et votre amour de l'étude, vous êtes fait pour l'une et pour l'autre ; de sorte que laissant vos égaux à une grande distance, vous pouvez lutter avec vos ancêtres dans ce double genre de gloire. C'est pourquoi vous faites bien de ne pas négliger la discipline militaire dans laquelle vos ancêtres ont toujours excellé et d'avoir tenté d'ajouter à cette vieille gloire domestique, le nouveau mérite des lettres, et de vous étudier à les imiter dans cette voie. On voit cependant beaucoup de personnes de notre temps, qui ont horreur du savoir, et, qui le regardent comme un déshonneur. Vous n'approuverez pas l'opinion de Licinius, empereur des Romains, qui appelait les sciences : poison et peste publique; bien plus heureuses qu'il le dit seraient les républiques, si des hommes studieux les régissaient sagement, et s'il convenait à leurs chefs d'étudier la sagesse.

En vérité les exercices des lettres n'empêchent ni la folie ni la malignité; pourquoi n'encourageraient-ils pas davantage ceux qui sont faits particulièrement pour la vertu et pour la sagesse. Ils sont souvent cependant des indices dénonciateurs de la sottise ou des instruments d'injustice plus pernicieux, car pour ne pas nous éloigner des empereurs Romains nous regardons Claude comme assez docte, et Néron, son beau-fils et successeur, compte au premier rang parmi les érudits. Le premier fut remarquable par sa lâcheté, l'autre flétri par la cruauté et tous les vices ; cependant, sous prétexte de démence, il avoua qu'il souhaitait ne pas connaître les lettres, ce qui assurément eût été désirable pour lui s'il eût pu être clément étant ignorant. Je pense au moins que s'il lui avait été permis de rejeter loin de lui les lettres, il l'eût fait aussi complètement et volontiers qu'il dépouilla à temps sa folie simulée. Mais il n'y avait pas place chez lui pour les vertus et les arts honnêtes. Au contraire, Jacques de Carriere, votre bisaïeul, homme prudent et prince magnanime, fut non seulement grandement docte, mais cultiva encore les savants d'une façon remarquable. Vous savez qu'il pensait que cela seul avait manqué à sa fortune ; qu'il soit alors permis à un homme aussi modeste qu'elle ne l'était pas, cette fortune, de désirer d'être savant ; car ce désir dans la vieillesse n'est pas facile à mener à bonne fin, si nous n'avons été dès notre jeunesse initiés à la science par le travail. Il faut donc préparer dans la jeunesse un repos capable de réjouir une honnête vieillesse, car ce qui est une étude laborieuse pour les jeunes gens sera un doux loisir pour leurs vieux jours. Ces travaux sont assurément de grands préservatifs contre une lente torpeur, un remède aux tracas et un soulagement aux occupations multipliées. Car il y a deux sortes de vie libérale, l'une qui est toute dans le loisir et la spéculation, l'autre consistant dans l'action et le commerce des choses. Dans la première, personne ne pense qu'il faille nier que la connaissance et l'usage des ouvrages d'esprit ne soit nécessaire ; dans la seconde on peut se convaincre facilement de leur utilité pour ceux qui appliquent leur esprit aux affaires ; j'oublie de dire encore qu'ils peuvent devenir plus prudents par les préceptes de ceux qui ont écrit et par les exemples de ceux dont il est écrit. Dans tous les cas, soit qu'ils administrent la chose publique, soit qu'ils fassent la guerre à l'intérieur ou qu'ils restent chez eux, au sein de leurs affaires et de leurs amis, ils ne sont pas fatigués d'autres choses, et sont à même d'agir avec plus de satisfaction lorsque l'occasion se présente, et dans les heures où il est nécessaire de vaquer aux occupations de ce monde, car nous sommes employés par l'Etat souvent embarrassé lui-même, et la guerre n'est pas toujours allumée. Chaque jour et chaque nuit ont leur occupation, on reste à la maison ; et il faut quelquefois se trouver avec soi-même, alors quand rien ne nous obligera à aller dehors, la lecture et les livres nous occuperont, à moins que nous ne voulions nous laisser aller au sommeil, ou inertes, nous consumer de langueur, ou imiter l'empereur Domitien, qui chaque jour; à des heures déterminées, se retirait dans la solitude et avec un stylet de fer chassait les mouches. Il fut le fils de Vespasien et le frère cadet de Titus, et certainement bien inférieur à l'un et à l'autre, il était autant l'effroi des hommes que Titus fût leur ami; Titus que les historiens appelèrent : les délices du genre humain. Voilà comment (et sa mémoire est aussi célèbre que celle de l'autre est exécrable) la postérité rend justice aux hommes, suivant leurs actes et leur vie, et elle n'a pas craint de blâmer les mauvais comme elle n'épargne pas les louanges à ceux qui les méritent. Dans cela (afin de reconnaître une prérogative aux premiers), il est important, je dirai même nécessaire, qu'ils se proposent de bien conduire les choses, s'ils veulent affronter le jugement des hommes et la durée de la renommée dans l'avenir. Car une grande force et un grand courage sont nécessaires à ceux plus humbles qui veulent parvenir, et leurs fautes sont recouvertes par l'obscurité de leur sort. Chez les princes et les grands la probité est nécessaire, quoiqu'elle soit rare dans la grande fortune, aussi attire-t-elle plus d'admiration; quoiqu'elle emprunte plus d'éclat de la splendeur de la fortune, elle est regardée néanmoins comme distinguée et insigne si la fortune est médiocre. Les mauvaises actions, quoique secrètes, ne peuvent longtemps être cachées, et celles qui sont connues, de même; car les ministres des plaisirs coupables ou les compagnons des crimes, et ceux qui savent les faits, les divulguent et sont les premiers à les condamner.

Un des chambellans de Domitien fit connaître la démence de ce prince par un mot plaisant. Comme on lui demandait s'il n'y avait personne enfermé avec l'Empereur; personne, répondit-il, pas même une mouche; comme s'il les eût toutes tuées avec son stylet. On pourrait cependant donner une cause à une occupation aussi indigne, si on savait ce qu'il avait coutume de faire l'hiver pendant qu'il était seul, ou bien s'il ne s'était pas attiré une telle haine par ses crimes et s'il ne s'était pas rendu même digne de mépris par une chose aussi indigne, honteuse même, puisque Scipion avait coutume de dire de lui qu'il n'était jamais moins seul ou oisif que lorsqu'il était oisif. Domitien ne pouvait facilement se faire à la solitude ; les hommes grands, élevés et doués d'une vertu excellente ont seuls ce don.

Rien ne saurait mieux me convaincre de la nécessité de la solitude au milieu du mouvement, comme du repos au milieu des affaires, que ce qui a été écrit sur Caton qui, pendant que le Sénat était forcé de prendre, séance tenante, connaissance des ouvrages, avait coutume de rester seul au milieu des occupations de ses collègues, et pendant ce temps donnait les meilleurs conseils à la patrie. Quand bien même on ne retirerait de l'étude des lettres d'autres fruits que les principaux et les plus grands, ce serait certainement assez, et cela doit-être d'autant plus appréciable que, pendant que nous lisons avec attention, nous sommes distraits par des choses auxquelles nous ne pouvons penser sans honte, ou nous les rappeler sans chagrin. Puisqu'il y a en nous-même ou dans notre fortune quelque chose qui nous blesse, nous sommes soulagés facilement par cette raison, outre que l'étude des sciences apporte à l'homme d'admirables jouissances et avec le temps des fruits savoureux si une telle semence en même temps propre à sa culture tombe sur une bonne intelligence. Lorsque nous sommes seuls et débarrassés de tous soins, que pouvons-nous faire de mieux que d'aborder des ouvrages où se trouvent les choses les plus agréables à connaître ou les plus efficaces à la vie honnête et sainte? Puisque les livres servent pour la plupart à d'autres choses, les fluctuations des lettres sont principalement nécessaires pour conserver le souvenir de ce qui est passé; on y trouve la vie des hommes, les événements inespérés, les œuvres extraordinaires de la nature et au-dessus de tout la raison des temps. Car la mémoire des hommes et ce qui se transmet de l'un à l'autre, se dissipe sensiblement au point de ne pas outrepasser la vie humaine; mais ce qui est confié aux livres demeure perpétuellement, avantage que n'a peut-être pas la peinture, les marbres qui tombent en poussière ou les métaux qui se fusionnent. Ces choses ne caractérisent pas cependant les époques et n'indiquent pas facilement la vari té des événements, toutefois elles expriment la contenance extérieure et peuvent être facilement dispersées. Quant aux lettres, non-seulement elles fixent ce qui est dit, mais encore notent les discours et tracent les pensées des hommes; et ce qui est livré à plusieurs exemplaires ne peut facilement périr pourvu qu'il y ait de la dignité dans le discours, car ce qui est écrit sans dignité n'attire pas la confiance et ne peut subsister longtemps. Ainsi donc quelle vie plus agréable ou certes plus commode que de lire toujours ou d'écrire et de connaître les monuments de l'antiquité existant encore, de causer avec la postérité et ainsi faire sienne toute époque passée ou future. O noble ameublement de livres dans lequel nous respirons ; ô douce famille comme l'appelle Cicéron, certainement bienfaisante et complaisante ; car elle ne fait pas de bruit, ne crie pas, n'est ni rapace, ni avide, ni rebelle ; vous ordonnez à vos livres, ils parlent ; vous renouvelez vos commandements ils se taisent, et ils sont toujours prêts à vous obéir. Vous n'aurez jamais d'eux que ce que vous voudrez, et les écouterez autant qu'il vous plaira. Puisque votre mémoire n'embrasse pas l'universalité des choses, que peu de personnes retiennent, et qu'elle suffit avec peine à tout, je pense alors que les livres doivent tenir lieu de seconde mémoire et l'affirmer au besoin. Car les lettres et les livres sont un certain memento des choses et le magasin général de la science ; et nous devons en prendre soin comme nous les acceptons de ceux qui nous ont surpassé ; et quoique nous puissions produire de nous-mêmes, les transmettre intègres et complets à la postérité. Nous devons aussi nous unir pour les recommander utilement à ceux qui viendront après nous, comme il a été fait à ceux qui nous ont précédé et nous retirerons la récompense de leurs travaux. En cela nous pouvons justement peut-être accuser certaine époque et les premiers âges, comme ceux qui nous ont précédé, et il nous est permis de nous indigner de l'indifférence qui a laissé périr tant et de si recommandables ouvrages d'auteurs illustres dont les noms seuls restent environnés cependant de grandes louanges. D'autres qui n'ont laissé qu'une partie de leurs veilles et des fragments de leurs œuvres, sont parvenus jusqu'à nous, il s'attache à leur nom une telle renommée que nous regrettons leurs œuvres complètes. Nous nous indignons de la perte des autres travaux de tels auteurs dont il en reste qui excellent par le mérite et la dignité ; encore que nous les possédions si mal conçus dans leurs principales parties, coupés et mutilés, qu'il voudrait peut-être mieux que rien ne nous fût parvenu.

Dans cette perte qui est la plus grande, nous voyons non sans moins de regret, que la plupart de nos affaires et des faits très-dignes d'être connus en Italie, nous ont ainsi échappé ; dont la connaissance s'est perdue ainsi que les lieus et les mouvements de leur existence. Car, si nous avons connu les faits et gestes des barbares, nous ignorons la plupart des nôtres par la perte des livres ; et c'est à ce point que pour les histoires latines il faut nous en rapporter pour leur connaissance à la foi des auteurs grecs ; la plupart de ces faits chez nous exprimés sommairement, ou tout-à-fait inconnus, on les trouve chez eux largement diffus. Quoique la langue grecque soit presque celle de nos ancêtres et leur fut familière, elle parait pour eux presque morte et chez nous est tout-à-fait éteinte, si ce n'est pour quelque petit nombre de personnes qui, de nos jours, s'y sont appliqués pour la faire sortir du tombeau où elle est ensevelie. Mais je reviens à l'histoire dont la perte est d'autant plus grave que sa connaissance est plus utile et agréable ; car, aux esprits libéraux et à ceux qui doivent être mêlés aux choses publiques et à la société des hommes, conviennent particulièrement les connaissances historiques et l'étude de la philosophie morale. Les connaissances artistiques sont aussi libérales parce qu'elles instruisent les hommes libres, mais la philosophie est en cela plus libérale que son étude fait les hommes libres. Ici ce sont les précèptes qu'il convient de suivre ou d'éviter, là nous trouvons des exemples. Dans la philosophie sont réunis tous les devoirs des hommes et ce qui convient à chacun. On peut encore y ajouter ce qu'il y a à dire et à faire dans tous les temps. J'ajouterai à ces choses, sans trop me tromper, l'éloquence civile qui est une certaine partie de la science. Si par le fait de la philosophie nous pouvons sentir, à l'aide de la raison, ce qui est le premier point en toutes choses, par l'éloquence nous pouvons dire gravement et disertement ce qui dans un sujet concilie surtout les esprits de la multitude ; par l'histoire, il faut en convenir, nous nous plaisons en l'une et l'autre chose. Si nous jugeons plus prudents les vieillards et les écoutons volontiers parce que leur longue vie leur a donné l'expérience de beaucoup de choses et qu'ils ont vu et entendu ce qu'il y a à voir et à entendre, quelle opinion aurons-nous de ceux qui sauront les faits dignes d'être connus depuis plusieurs siècles, et qui peuvent, à toute occasion, citer quelques évènements remarquables? Voilà ce qui convient à un homme élevé et d'un esprit vraiment excellent. Qui pourrait dire mieux et qu'y a-t-il de mieux à faire? Les Grecs avaient l'habitude d'apprendre quatre choses à leurs enfants : les lettres, le négoce, la musique et le dessin que certains appellent : *Trait*. De ces quatre choses on ne peut pas dire que l'usage en soit généreux si ce n'est peut-être pour ce qui tient à l'écriture; car écrire, c'est s'attirer soi-même par force et désigner, le reste semble ne regarder à vrai dire que les peintres. Le négoce n'était pas seulement utile aux Grecs, mais regardé comme honnête, dit Aristotèle; car il venait en aide aux amateurs de vases, de tableaux et de statues, dont la Grèce était si avide; et les Grecs n'étaient pas facilement trompés sur leur valeur; ils s'entendaient le plus souvent pour découvrir la beauté et le mérite des choses qui se révèlent par la nature ou par l'art. Ces choses sont du ressort d'hommes élevés, comme d'en parler entre soi et de pouvoir en juger. Pour les lettres, le résultat en est toujours grand dans tout genre de vie et de personnes, surtout pour les hommes studieux qui prennent ainsi l'instruction et y trouvent l'affirmation autant que le souvenir et la mémoire des choses écoulées. Aussi, si nous voulons profiter en tout ou en partie des doctrines, il faut s'entendre sur la manière, car il est nécessaire pendant que nous poursuivons de plus grandes choses de ne pas paraître être tombés sur de plus petites. On ne doit pas non plus négliger la discussion au moyen de laquelle nous cherchons par des arguments sur chaque chose, ce qu'il y a de plus facile à trouver du vrai ou du faux. C'est ce qu'on appelle la manière de s'instruire, et la discipline, dont la science ouvre facilement accès à tout genre de doctrines. La rhétorique est la troisième parmi les instructions raisonnables. C'est par elle qu'on arrive à l'artificieuse éloquence que nous avons placé aussi au troisième rang parmi les principales parties de la civilité, la rhétorique d'abord regardée comme peu importante dans les études des hommes nobles, est maintenant presque complètement tombée, car elle est entièrement rejetée des jugements, et ce n'est plus par un discours perpétuel, mais par des usages empruntés à la dialectique qu'on est amené mutuellement en cause sur les lois. Dans ce genre la plupart des jeunes Romains ont acquis une grande gloire dans l'accusation des coupables ou la défense des innocents. Ce n'est plus la même méthode pour le genre délibératif en honneur auprès des princes et des grands, qui veulent que la sentence soit prononcée en peu de mots, et que de froides raisons soient apportées dans le conseil et regardées claires dans les masses qui peuvent parler à leur aise sans art. Reste le genre démonstratif, lequel n'ayant jamais été mis en usage, n'est alors presque nulle part recherché par la raison. Presque tous dans leurs discours éloquents se servent de ces moyens qui sont contraires à l'art de bien dire. Néanmoins, celui que nous voulons être bien instruit, doit nécessairement les étudier, afin qu'il puisse, dans tout genre de causes, s'exprimer suivant l'art avec élégance et abondance ; il doit d'abord étudier la poétique et cela peut s'étendre principalement à la vie et au discours, cependant elle paraît plus appropriée à la distraction ; ensuite l'art de la musique qui rend heureux celui qui l'écoute ; cet art jouissait jadis d'une grande faveur chez les Grecs, et n'était pas regardé instruit qui ne savait chanter ni jouer des instruments à cordes. C'est pourquoi Socrate, étant vieux enseigna et ordonna que les jeunes gens bien nés fussent instruits en ces sortes de choses ; ce n'est pas pour que toute voix serve d'excitation à la débauche, mais à modérer les sentiments de l'âme par le fait de la règle et de la raison. Comme celle qui raisonne bien, produit la mélodie, ainsi tous les mouvements de l'âme ne donnent pas le même résultat, mais ceux qui conviennent à la raison donnent à la vie une juste harmonie. L'usage de la mélodie est surtout bon pour l'adoucissement de l'âme et calmer les passions. Aussi la connaissance de sa règle est digne d'un esprit libéral ;

suivant cette raison c'est une manière de voir les différentes natures de sons et leurs propriétés, et mutuellement de découvrir les consonnances de celui qui n'est pas d'accord ; comme la raison des nombres qu'on appelle arithmétique, et celle des mesures qu'on appelle géométrie, dans lesquelles sont établies les différentes relations du pair et de l'impair, la superficie des lignes ou les diverses espèces de corps, et l'étendue des nombres, et où l'on démontre tout ce qui leur est propre. Cette connaissance est fort agréable et renferme en elle un art supérieur. Mais je la trouve plus belle encore cette science qui traite du mouvement des astres, de leur étendue et de leurs distances ; car elle nous tire des ténèbres et d'un air épais, et conduit nos yeux et notre esprit dans une demeure éblouissante illuminée de grande clarté. Celui qui voit dans ces régions, discernant agréablement les figures des étoiles fixes, désignera par leur position et leurs noms celles qui changent de place, comme leurs réunions, et prévoira et prédira longtemps à l'avance les éclipses de soleil et de lune. Voilà surtout une science, elle se conforme et s'harmonise avec l'intelligence humaine sur la nature ; par elle nous connaissons les causes et les effets des mouvements et des transmutations des choses naturelles, animées et inanimées, les principes et les mouvements que contiennent le ciel et la terre, et nous pouvons nous rendre compte des causes de beaucoup de choses que le vulgaire à l habitude d'admirer.

Comme il est agréable de comprendre toutes ces choses, il l'est encore davantage de faire un mutuel échange d'impressions dans les régions de l'air et de la terre; car les connaissances qui en résultent, procurent des recherches plus belles comme la perspective et la raison qui résulte des poids; et puisque j'en suis arrivé là en discourant, j'aborderai les autres sciences. La médecine, par exemple, la plus belle des connaissances et la plus essentielle pour la conservation du corps; l'interprétation des lois n'entraine pas avec elle une occupation libérale, mais elle est utile en public et en particulier, et jouit partout d'une grande considération; la philosophie dérive du monde moral comme la médecine de la nature. Quoiqu'il soit honnête d'être interprété par des auditeurs, ou de se trouver parmi des personnes qui discutent sur le droit, comme d'ouvrir un avis opportun, il est également doux de s'approprier une part dans l'honneur et l'arrêt des causes pendantes. La science est vraiment divine quand elle traite des plus hautes matières et des choses qui sont éloignées de nos sens; l'intelligence en atteint cependant les principales, aussi nous avons énuméré presque toutes les sciences qui ne sont pas pour cela nécessaires à connaître pour chacun afin d'être savant ou de passer pour tel. Puisque les hommes peuvent s'approprier chaque chose en entier, le courage est nécessaire, comme des ressources modestes, aussi peut-on se passer d'une grande science, mais là où chacun se sent plus apte, doivent tendre plus de soins, car les diverses branches du savoir sont ainsi liées ensemble qu'il n'est point nécessaire de donner plus d'importance à celle que l'on ignore. Les facultés des esprits diffèrent dans leur genre ; certains trouvent facilement dans chaque chose un argument et un moyen de conclure, d'autres sont lents à aboutir, mais ils sont solides dans leur jugement ; et les premiers dont l'esprit est plus porté à l'opposition sont moins prompts à répondre à la vérité. Ceux-ci donnent dans la poétique et les sciences philosophiques, ceux-là dans les situations ; d'autres sont d'un esprit prompt mais d'un débit plus lent, et ils paraissent bons pour la composition d'un discours et l'expression de l'éloquence. Ceux dont la parole est plus vive que l'esprit, sont plus prompts aux discussions de dialectique et y réussissent mieux. Ceux dont la parole est prompte et l'esprit lent, sont bons pour un genre neutre de discours ; chez ceux où brille la force de la mémoire, réside l'aptitude de la connaissance de l'histoire et la compréhension des livres de longue haleine. Il faut que nous sachions que la mémoire est au-dessus de l'esprit ; un grand esprit sans mémoire se réduit à presque rien, du moins pour ce qui regarde les sciences.

C'est le contraire pour ce qui est du domaine des études légères, aussi un fait accompli ou qui peut l'être reste par la force de la mémoire. Quant aux doctrines, nous ne paraissons pas avoir acquis ce que nous connaissons de mémoire ou ne pouvons facilement nous les rappeler. Il y a des personnes dont la force de l'âme se porte vers les choses sensibles et qui en manquent pour les matérielles; cette force est plus portée à apprendre les choses distinctes et universelles. D'autres au contraire, cultivent les particularités et sont plus portés aux échanges, ceux-ci à la prudence et à la science naturelle, ceux-là vers les mathématiques et à la divine science qu'on appelle : métaphysique. En outre l'intelligence est double spéculation et pratique, chacun étant relativement plus fort, devra suivre les études qui lui conviennent. On voit encore des esprits limités et comme on dit en droit : associés à la terre, esprits qui dans les autres choses sont comme imbéciles; dans l'un et l'autre cas, ils sont excellents, et à eux seuls sont permises les affaires dans lesquelles on voit qu'ils ont principalement du pouvoir. Aristote voulait qu'on se livrât modérément aux sciences libérales et qu'on ne s'arrêtât pas à la perfection civile de l'homme, estimant la vie occupée ; car celui qui est tout entier livré à l'observation et aux douceurs des lettres est peut-être cher à lui-même, mais certainement pas utile à la cité, qu'il soit prince ou bien simple particulier, et il parait ainsi poser des limites aux doctrines et aux génies divers ; ce à quoi il faut prendre soin avant tout, car il convient d'accepter non-seulement les grands préceptes livrés par des gens plus avancés, mais les premiers éléments des arts donnés par les meilleurs maitres, et ne pas demeurer çà et là dans le cercle des autorités qui plait, mais se tenir avec les meilleurs ; c'est ce qui fit que Philippe, roi de Macédoine, apprit d'Aristote, les premiers éléments des arts, et voulût qu'Alexandre et les anciens Romains, qui conservaient leurs enfants à l'école, eussent soin de s'instruire d'abord dans Virgile. Il y avait là une excellente raison, car ce qui est semé dans de jeunes intelligences, pousse de fortes racines et ne peut ensuite être arraché. Ainsi, si elles sont habituées d'abord aux meilleures leçons, ce sera leur principale nourriture, et cela leur servira toujours de guide. Si, au contraire elles sont imbues de quelques erreurs, elles auront besoin du double de temps ; d'abord pour les chasser, ensuite pour apprendre les vrais préceptes. C'est pourquoi Timothée, célèbre musicien de son temps qui fût exilé à Sparte pour avoir augmenté le nombre des cordes de la guitare et inventé de nouveaux moyens, exigeait de l'élève qui n'avait pas profité avec les autres un certain tribut, et le double, de ceux qui avaient profité. Dans l'art de s'instruire, il faut constater, pour la plupart, un écueil ordinaire et qui devrait être au contraire un appui ; c'est un grand désir d'apprendre qui fait que lorsqu'on veut tout embrasser pareillement, on n'arrive à rien tenir ; cette nourriture superflue ne sert à rien, mais pour ainsi dire fatigue l'estomac, allourdit le reste du corps et le rend malade. Ainsi beaucoup d'aliments dont on charge la mémoire s'écouleront facilement pour le moment, et dans l'avenir affaiblissent la force de l'esprit ; que l'on donne donc beaucoup aux besoins d'un écolier, chaque jour il produira peu, ce que sa mémoirs pourra résoudre, trois ou quatre choses au plus encore, selon que la force de chacun ou son loisir lui permettront de recueillir en un jour. Que les écoliers s'interrogent mutuellement et se répondent entre eux ; vous ferez encore autre chose en lisant, car vous sauverez par la méditation ce que vous aurez déjà appris, et vous rendrez chaque jour plus familier par la lecture, ce qui vous aura paru aride. A ce trop grand désir de savoir et d'apprendre, se joint d'ordinaire une certaine curiosité désordonnée de recherches ; car les écoliers s'attribuent beaucoup sur chaque chose et s'adonnent en même temps à des études différentes, leur intelligence se portant tantôt ici, tantôt là, ou bien mettant toutes leurs forces à une science leur intelligence dis-je se trouve réduite à peu ; de sorte que ces études différentes en profitent. Ceci n'est pas non-seulement inutile, mais gravement nuisible. Puisque, ainsi que cela existe, et que le proverbe le dit; les vins s'aigrissent qui sont trop souvent transvasés ; ainsi il convient de s'arrêter à une seule chose et de la suivre par une étude complète, et de prendre la méthode et la règle suivies par les auteurs. Car ceux qui lisent sans ordre des ouvrages, commençant par la fin, le commencement, ou le milieu, reçoivent comme dernières impressions, celles qu'ils auraient dû avoir d'abord ; de sorte que ceux qui paraissent tout négliger profitent plus en ne lisant rien. Quant à la méthode qu'il faut suivre pour les livres, beaucoup de personnes demeurent de cette opinion qu'il convient de se procurer principalement les meilleurs ; à la vérité il n'y a pas la même application à donner à tous, mais à chacun suivant son mérite et d'après la raison de son esprit. Il y a en eux, comment dirai-je, et dans certains, comme un tranchant de plomb, dans d'autres comme un tranchant de fer ; pour les premiers, le tranchant est émoussé et ne vaut rien pour la science. Pour ceux chez lesquels la lame d'esprit est aiguisée et créatrice, et qui peut facilement être émoussée dans l'exercice de l'étude ; ils n'y portent pas habituellement, à moins qu'ils ne pénètrent au premier choc là où ils veulent, car leur partie est d'autant plus grande qu'ils absorbent davantage. On ne peut traverser ceux qui sont doués d'un génie de fer, si avec cela il est aiguisé, à moins qu'on ne veuille le briser là où cela est tout à fait nécessaire. Quant à l'esprit émoussé il vient à bout de toutes les difficultés par un travail assidu. Mais ceci est invinciblement vrai que les personnes d'un esprit plus aiguisé sont moins favorisées par la mémoire; aussi plus promptement elles saisissent moins elles retiennent. C'est pourquoi, dans le but de sauvegarder et confirmer la mémoire, l'opinion suivante de Caton paraît particulièrement bien choisie, il disait s'en servir, et elle consistait à se remémorer le soir ce qu'il avait fait, vu et lu dans le jour comme complément et achèvement du travail de la journée, il voulait également qu'on se rendit raison non seulement du travail mais du loisir. Nous aurons donc également soin, si nous le pouvons, de nous rappeler de toutes choses, et alors suivant notre pouvoir nous embrasserons au moins avec plus de tenacité ce que nous aurons principalement choisi. Il serait utile aussi de conférer plus souvent sur de communes études avec nos camarades, la discussion aiguise l'esprit, instruit la langue, confirme la mémoire, et nous apprenons de cette façon beaucoup de choses. Ce que nous apprenons ainsi, nous le savons mieux, nous l'exprimons plus éloquemment, et nous nous en souvenons plus profondément. Mais en communiquant aux autres ce que nous savons, nous n'éprouvons pas la même jouissance qu'eux. La meilleure manière de progresser, est d'enseigner ce que l'on a appris. Il en résulte pour presque tous ceux qui disent bien, que s'ils ont profité dès le commencement on les regarde comme ayant eux-mêmes acquis de grands mérites des études, qu'ils discutent déjà comme des savants, et ils veulent hardiment que leurs avis soient suivis. C'est pour eux un grand écueil, car le premier pas que l'on fait dans les études est de pouvoir douter, et il n'y a rien de plus fatal à ceux qui apprennent que de trop présumer de sa science ou de compter sur son génie ; chez les uns cela dispense du soin d'apprendre, chez les autres cela le diminue. Ainsi on se trompe soi-même, ce qui n'est point du tout nécessaire dans ce cas, car il n'est personne plus facile à tromper que soi-même, nous ne pouvons porter à personne un plus grand préjudice. Ceci arrive ainsi, puisqu'il a été permis à l'inexpérience d'examiner à nu les détours, les anfractuosités et les principes cachés des sciences. Si on veut corriger dans les livres ce qu'il y a de mauvais, qui ne peut se comprendre par soi-même, ou bien si on accuse l'inexpérience ou la négligence des écrivains, beaucoup de choses passent volontairement inaperçues ; l'étude et la persévérance viendront à bout de ces opinions, si nous y consacrons dans les formes le temps nécessaire ; ce sera alors à propos, de même que si nous donnons des heures fixes à l'étude des lettres, sans nous laisser déranger par aucune affaire, lisant chaque jour quelque chose.

Car si dans les camps, Alexandre avait le plus souvent coutume de lire, si César marchant avec son armée, écrivait des livres, et si Auguste ayant commencée sa grande fortune par la guerre à Modène, avait chaque jour l'habitude au milieu des camps de lire, d'écrire et de déclamer ; que ne pourrait-on faire au sein d'une honnête oisiveté et qui nous détournât longtemps directement de l'étude des lettres ? Aussi il est utile que nous regardions comme grande, la perte d'un temps quelque petit qu'il soit ; de cette manière nous aurons la raison du temps, comme de la vie et de la santé, et rien ne se perdra inutilement pour nous. Ces heures longues à passer, et qui sont un sujet d'oisiveté pour d'autres, nous les occuperons par des études plus légères, ou nous les passerons agréablement en lisant ; ce sera une bonne manière de recueillir des biens que d'autres ont coutume de négliger. Si on lit après le repas pour attendre le sommeil ou pour le fuir, quoique les physiciens s'efforcent de le faire au jour et à la lumière, cela se voit. Si on le fait par règle, c'est un soin exagéré ou cela provient d'une grande satiété ; mais ce qui est bon, c'est si nous plaçons dans nos bibliothèques et devant nos yeux ces instruments qui mesurent le temps et les heures afin que nous voyions le temps couler et se perdre pour ainsi dire. Si nous en usons dans ces lieux, que ce soit pour l'attribution qui leur est propre, n'y admettant aucune pensée ni occupation étrangère.

Que ces diverses choses soient poursuivies avec un plus grand soin et étude par ceux chez qui l'esprit est plus apte aux études, que le corps aux exercices de la guerre. Pour ceux chez lesquels l'esprit est plein de vigueur et le corps valide, qu'ils donnent leurs soins à l'un et à l'autre, et forment leur esprit pour qu'il puisse véritablement vider un différent et commander facilement par la raison ; quant au corps, qu'il sache courageusement supporter la peine afin de facilement obéir, de sorte qu'entièrement soumis, nous soyons toujours préparés, non à chercher querelle mais à repousser une injure, ou si nous nous permettons d'employer la force, que nous combattions non en vue du gain, mais pour le droit et la gloire.

Il convient surtout aux princes d'être instruits dans la discipline militaire, car il faut qu'ils brillent dans les arts de la paix et de la guerre, et qu'ils puissent conduire les armées et au besoin payer de leur personne. Alexandre-le-Grand, surnom qu'il méritait par ses faits et ses paroles était imbu de ce devoir. Car combien de fois, parlant des vers d'Homère qu'il lisait fréquemment avec ses amis, comme il était question de décider quel était le plus agréable de tous les auteurs en son langage, il le préférait de beaucoup aux autres.

Pour Agamemnon..... il convenait de même qu'un bon roi devait être également un guerrier courageux. Ainsi donc il faut que le corps soit exercé dès l'enfance à la guerre, et l'esprit formé à la patience, de même qu'il convient de conduire à la main les chevaux dans le stade, afin de l'habituer au milieu de la poussière et de la chaleur a supporter facilement le soleil et le travail. Car pour les arbres nous voyons parfois de faibles branches arriver à une grandeur accomplie, et porter une belle quantité de fruits venus d'elles des premières fleurs, et sous ce poids fléchir jusqu'à terre et ne pas rompre, ce que ne donneraient pas de plus forts rameaux, si ce n'est grâce à des soins et à des exercices gradués ; il en est de même pour les hommes si on ne les accoutume dès l'enfance et à toutes les époques de la vie à la patience et aux travaux de l'âme et du corps ; car lorsque les difficultés de la vie se présentent ils sont brisés, de suite, et ne peuvent pas supporter l'adversité. L'autorité réunie de Minos et de Lycurgue enseigne ces choses et rend célèbres les écrits des grands législateurs. Ceux des Crétois et des Lacédémoniens encourageaient la jeunesse non seulement à supporter la souffrance du corps, mais encore à savoir modérer la force de leur âme, et ils ordonnaient à ceux qui étaient élevés pour l'extérieur, de s'exercer à la chasse, et pour cela de courir, de sauter, de supporter la faim, de souffrir le froid et la chaleur, afin de pouvoir profiter de ces exercices pour se former à la guerre, car les délices relâchent le corps, le travail au contraire le rend fort et l'endurcit. Aussi si les corps ne sont pas endurcis, ils ne peuvent supporter les travaux. Ceux qui prennent ces habitudes, trouvent dans leur corps et dans leur âme de bons serviteurs, quand il est nécessaire de faire face aux dangers et aux difficultés de la vie. Dans ce genre, je ne puis vous proposer de plus illustres exemples chez les anciens comme chez nos contemporains que celui de votre père tel que vous le voyez; je vous offre les images de vos ancêtres, et je m'étudie à les rappeler souvent à votre mémoire, car il y a en eux de quoi vous porter à les continuer magnifiquement, et les hommes sont surtout excités par les exemples domestiques. Car, de même qu'il est glorieux de surpasser les siens par ses belles actions, il est honteux d'être au dessous de ceux dont la vertu est le but de la voie que nous nous proposons, et de dégénérer par son genre de vie et ses habitudes.

Mais je reviens à votre père auquel de grandes louanges peuvent être données, qui, sans se ménager met au dessus de tout la patience dans l'adversité. C'est ainsi que nous le voyons actif au labeur et audacieux dans le danger, et on ne dirait pas qu'il croit porter le poids de son corps ou de sa race immortelle. Car du mépris de la peine nait celui de la mort, et l'audace qui lui fait entreprendre avec intrépidité les difficultés, s'augmente ainsi, de sorte qu'on croit qu'il ne craint rien, hors peut-être une seule chose, de mourir vieux. Ces sentiments proviennent de la meilleure source, car la vertu doit toujours être le mobile qu'on se propose, et le cœur être poussé vers les actions d'éclat, on doit faire un médiocre cas de la vie, car celui qui appréciera à leur juste valeur les choses du monde, connaitra facilement que les avantages de la vieillesse ne valent pas l'expérience d'une longue vie, et que les malheurs ont plus de conséquences relativement qu'une courte vie. Il convient donc vivant honnêtement au sein de la paix, et agissant courageusement à la guerre, de supporter le reste avec une âme égale, et se soumettre d'avance avec calme à quelque mort qui advienne, et le plus souvent quand l'occasion ou la nécessité se présentent aller au devant d'elle ; car il ne faut pas craindre de vivre peu, mais d'avoir peu vécu pendant le temps qu'on aura passé sur la terre. A chaque âge il ne manque pas de belles actions à faire. Scipion, qui dans la suite fut le premier appelé *l'Africain*, était à peine dans l'âge de puberté lorsqu'il combattait sous son père contre les Carthaginois. Annibal ayant défait les Romains dans la journée du Tesin, le jeune Scipion sauva son père consul et général d'armée, gravement blessé et circonvenu par les ennemis ; aussi dans ce combat cet exemple donna-t-il du cœur aux vétérans. Scipion agissant ainsi à cet âge avec autaut de piété que de courage conserva à la patrie un consul, un général, un citoyen, et son père, et recueillit par son mérite privé et public, un grand tribut de louanges. Emilius Lépidus, enfant, étant à la guerre, tua un ennemi et du même coup sauva la vie d'un citoyen. En mémoire de cette action, un sénatus-consulte établit que sa robe pretexte serait placée au Capitole, afin d'exciter l'émulation publique, et pour que l'auteur d'un fait aussi distingué accompli à cet âge, eût l'honneur de ses œuvres. Mais vous, Ubertin, loin de vous envier vos mérites, vous étiez moins âgé que ces jeunes gens quand dans l'armée de vos proches à Brescia, vous osâtes vous présenter aux ennemis en armes, et ce fut d'autant plus remarquable qu'aucun des autres chevaliers ne voulut s'offrir ; je ne sais si ce fait occasionna plus d'admiration chez les ennemis que de honte à vos amis. Ainsi doivent être élevés les enfants dès leurs premières années, pour qu'ils puissent oser de grandes choses et en souffrir de difficiles. Tels étaient les enfants des Lacédémoniens, car les Anciens, ces derniers vantent, surtout à cause du soin qu'ils apportaient à l'éducation. Ces usages durent enfanter ces courages et cette patience qu'ils montraient au milieu de leurs différends ; car jetés à terre par la force ou en luttant, ils aimaient mieux souffrir la mort ou l'équivalent, plutôt que d'avouer qu'ils étaient vaincus. Il ne faut s'en étonner, car ils avaient coutume d'être reçus à l'autel dans un tel état, que le sang coulait en abondance de leurs corps, et souvent ils venaient y mourir.

Cependant aucun ne poussa de cris ou ne donna jamais aucune marque de douleur. C'était après avoir été formée de cette manière à la maison, que la jeunesse donnait enfin ses soins à la guerre ; les anciens écrits étaient pleins de ces chôses et il leur était égal de se laisser conduire par un chef ou par leurs pères. Lorsqu'ils devaient marcher à l'ennemi, leurs mères les avertissaient de revenir vivants avec leurs armes ou portés morts sur elles, car ces dignes femmes jugeaient pire que la mort qu'ils livrassent leurs armes à l'ennemi ou les abandonnassent en fuyant ; aussi ces enfants les soignaient et les gardaient comme une partie d'eux-mêmes. On ne peut s'étonner qu'ils tinssent vivants à être vus le plus souvent en armes, ceux qui morts, estimaient qu'elles devaient être rapportées comme témoignage de leur honneur. Ces usages et habitudes sont restés, afin qu'ils se servent également de leurs armes, de leurs membres et de leurs vêtements, et que ce ne soit pas un poids ajouté à leur corps. Car si ce n'est que les légions romaines étaient instruites par un long et continuel exercice, une armée n'est appelée telle que par l'exercice. Comment sans cela eussent-elles pu s'avancer pedestrement en bataille, et le plus souvent précipitées, se jeter sans armes sur le premier retranchement, si elles avaient manqué d'un usage quotidien d' exercice, portant souvent avec elles pour quinze jours et plus de vivres, poids pénible pour une bête de somme. Pour ceux qui sont destinés aux armes et aux lettres, ces choses sont les études les plus libérales et les principales, aussi conviennent-elles surtout aux princes. En même temps qu'il sera permis de faire usage des membres pour la vie, on devra s'accoutumer aux armes, et les enfants seront soumis à l'étude des premières lettres, dès qu'ils pourront former des mots. Ils doivent pour ainsi dire faire les premières libations de ces choses et des études dont ils useront pendant la vie, et s'exercer par de tels commencements, mais ils pourront eux-mêmes naturellement les suivre et consacrer certaines heures à l'exercice du corps et de l'esprit. Cela ne convient pas seulement aux enfants mais encore aux hommes. Qu'ils fassent comme le prince Théodose qui s'exercait aux armes certains jours, et avisait en d'autres aux affaires de ses sujets, en leur rendant la justice; la nuit il lisait à la lumière. Ainsi qu'on vient de le voir, nous en avons dit assez sur l'étude des belles lettres, passons à un autre sujet. Ne négligez pas les exercices du corps, car ils conservent une bonne santé et rendent les membres plus robustes. Pour cela il faudra faire attention plus scrupuleusement à la disposition naturelle de chacun, car ceux qui ont le corps mou et humide devront être endurcis et fortifiés par des exercices plus sérieux, les autres au contraire seront traités plus légèrement. Chez ceux dont le sang s'enflamme facilement, il conviendra de leur faire prendre du repos à un soleil ardent, mais il faudra aussi avoir égard à l'âge afin de les soumettre à des travaux plus légers jusqu'au temps de la puberté, de peur que la force de l'âge ne soit brisée ou que la croissance soit empêchée. Quand la puberté sera établie, ils seront assujettis à des travaux plus sérieux, et pendant la puberté il conviendra de les pousser davantage vers l'intelligence, ceux-ci vers les bonnes mœurs ; avoir soin de discipliner les autres, enfin augmenter les forces et la santé du corps de ceux qui en auraient besoin. Quand ce sera le moment d'exercer les jeunes gens, que le soin ne soit pas à leur égard inférieur aux leçons. Plutarque nous apprend, que Marius dans sa vieillesse, quoique devenu grave par la grande souplesse de ses membres et sa gloire militaire, afin de former son fils aux devoirs et à l'art de la guerre, venait chaque jour au camp avec les jeunes gens et s'y exerçait avec eux. C'est ainsi qu'on devient plus audacieux et plus savant, non en vue de combats particuliers mais pour de vrais engagements. Car si ce n'est que cet apprentissage est utile pour combattre, on le recherche encore en temps de paix et au sein des loisirs, et ce n'est pas inconsidérement. Publius Rutilius, consul, fut le premier qui voulût que les soldats étudiassent les éléments de l'exercice des armes, car des maitres ayant été donnés à Rome aux gladiateurs pour apprendre à donner et parer les coups, il ordonna qu'ils pénétrassent dans les camps afin que le soldat n'excellât pas seulement en vigueur et en audace, mais qu'il acquît de l'adresse par l'art et l'industrie. Il faut donc instruire les jeunes gens en ce qui convient à cet égard, afin qu'ils puissent frapper l'ennemi de la main droite et se couvrir promptement de la gauche; qu'ils sachent manier en guise d'épée le bâton et la lance de chaque main, manœuvrer; et de rechef se rassembler sans le bouclier, frapper de pointe et d'estoc et en arrière sans difficulté. Il faut aussi qu'ils s'exercent à la course, au saut, à la lutte et à combattre avec les poings; qu'ils sachent jeter aussi loin que possible, lancer la flèche avec rectitude, faire siffler des bâtons pointus, rouler des rochers, dompter les chevaux et les pousser à la course et à sauter en les éperonnant, ou fléchissant la bride, les maintenir au trot et ainsi se protéger dans l'un et l'autre cas, afin que cavaliers comme fantassins puissent facilement combattre le choc des cavaliers lorsqu'ils combattent avec des traits meurtriers, lequel est d'habitude plus terrible, et ils sont plus habiles au combat quand ils savent placer leur lance où ils en ont l'intention, et supporter une armée venant contre eux avec sa clarté immobile. Comme la forme des armes et des vêtements change chaque jour suivant l'usage, il faudra alors s'occuper de ce changement pour en faire l'expérience, et finalement s'en tenir à ce qui sera le mieux.

Les manières de combattre varient également. Jadis, au temps des anciens héros, les chefs combattaient sur des chars, puis chez les Romains on remarquait surtout peu de cavalerie, certainement ils n'étaient pas en grand nombre, la force de l'armée était presque entièrement concentrée dans l'infanterie, maintenant personne ne combat sur des chars, mais généralement sur des chevaux. Pour ce qui est en usage, si cela convient il faut le conserver et l'étudier assiduement parmi les exercices des camps ; enfin il faut en arriver par l'habitude à connaître les différents genres de combats, car autrement on combattrait sans ordre ni mesure. C'est d'une manière particulière qu'on doit agir, quand l'armée donne toute entière, autrement, quand ce n'est qu'une compagnie de soldats, autrement, encore quand il s'agit d'un duel, car généralement ceux qui provoqués à un combat singulier semblent inanimés, combattent avec plus de courage dans une mêlée. Quoique ce genre d'instruction puisse être cultivé au sein de l'oisiveté, il ne ressemble en rien à celui qui s'apprend parmi le tumulte des guerres, dans la pénurie de toutes choses, et au sein des vrais labeurs. Ainsi Horace Flaccus apprenait à ses amis à supporter la pauvreté. Que l'enfant, disait-il, endurci « par les travaux guerriers, batte les Parthes féroces la lance à la main, qu'il brave les saisons et les dangers. »

C'est à ces choses que parviendra celui qui formera par l'usage et la raison les futurs généraux, en leur apprenant de quelle manière on conduit une armée, dans quels lieux on la place, dans quel rang de bataille on la dispose, comment on peut connaître les desseins de l'ennemi, et lui dresser des embuches suivant les lois de la guerre, et ainsi éviter celles qu'il prépare, détourner les combattants d'une armée ennemie, contenir ses soldats par la crainte et la bienveillance, et ne jamais abandonner la discipline militaire ; comme le courage des guerriers concourt à la réputation des chefs, ainsi leur lâcheté rejaillit le plus souvent sur la tête du général. La gloire n'est pas toujours le prix des hauts faits, mais l'ignominie provient des fautes. Quelque soit le lieu où le temps, il faut avant tout poursuivre ce qui a été délibéré, ne pas s'exposer à se laisser déborder par la nouveauté ou l'imprévu, car l'action des soldats ne peut se maintenir quand la direction du chef chancelle. Il faut naturellement que des soldats soient forts et instruits dans l'art de combattre et qu'ils aient beaucoup de courage. Que ce soit celui des armes ! Telle est leur nourriture à moins que la nécessité demande autre chose ; tels sont les devoirs du général et du soldat, fantassin comme cavalier, l'usage et l'expérience leur en enseigneront la pratique qui est d'une application autrement efficace et évidente que ce qu'on pourrait leur enseigner de vive voix ou par les livres. Il existe cependant des ouvrages traitant de l'art militaire produits par de grands hommes, et dont vous ne devez pas certainement négliger la lecture. Il faut aussi qu'un général connaisse la force et l'usage des machines, et vous voyez que votre père excelle en cela ; j'ignore si personne y a apporté une plus grande étude, ou en ait mis en usage un plus grand nombre ; enfin, il est bon dans ces choses que les jeunes gens acquièrent une certaine habileté de pratique. En cela Auguste César prit à l'égard de ses fils et de ses neveux, un tel soin de les instruire, qu'il les forma le plus souvent à son exemple. Ce sont les grands périls qui portent d'habitude l'homme au travail et le rendent plus audacieux aux combats navaux et au passage des fleuves. Dans ce genre de choses qui sont du ressort des exercices militaires, vous avez de beaux exemples à invoquer, car si vos ancêtres germains François et Jacques, hommes magnanimes et connus au loin dans l'art de la guerre sont inimitables ; il convient à vous qui êtes remarquable par votre prudence et votre modération de les honorer toujours comme vous le faites par le culte et la piété, et ainsi de les imiter avec honneur comme de moins remarquables, et de vous faire distinguer, le cas échéant, par l'exemple de leurs vertus et sous leurs auspices. Le genre humain sera parfaitement d'accord à ce sujet, car si les droits du sang sont toujours sacrés, le respect à l'égard des supérieurs sera sauvegardé, ainsi que l'humanité à celui des inférieurs, et l'on verra briller entre égaux la modération et la liberté. On ne peut pas toujours travailler, et il faut des intervalles de repos, nous prescrirons donc à cet égard un mode et une raison. Le premier précepte sera surtout de ne pas adopter un délassement honteux ou nuisible, à moins qu'il ne serve à aiguiser l'intelligence ou n'exerce les forces du corps. Nous voyons Scipion et Lelius, et quelquefois l'Augure Scevola, gendre de Lelius, lorsqu'ils étaient sans occupation, ramasser sur les bords de la mer ou dans le lit des fleuves, des pierres et des coquillages ; une certaine nécessité les y poussait, car ils ne se livraient à cette distraction que libres de grands travaux ou dans un âge avancé ! Mais le même Scevola serait peut-être plus louable dans ce genre, car très-habile au jeu de balle et fatigué des luttes du barreau et de l'interprétation du droit civil, il rapportait principalement à ce genre de délassement la cause de l'entretien de ses forces et de la solidité de ses flancs. L'habitude des occupations de ce genre, comme la chasse aux animaux, aux oiseaux, la pêche et autres amusements, occasionne de l'agrément et du charme à l'esprit, et confirme la vigueur des membres par le travail et le mouvement, lorsque comme le dit Horace, l'étude vient adoucir un autre labeur. Car si ces choses n'étaient pas assaisonnées d'un si grand plaisir, qui, de lui-même voudrait subir le travail, ou pourrait par quelque moyen que ce fut le préférer ? Bien que d'après les lois de Lycurgue cette étude ne fût recommandée aux jeunes gens que dans des circonstances plus graves, que fatigués de leurs travaux ils pussent se soulager par d'autres ; il leur sera permis ou de se reposer tout-à-fait ou de se livrer modèrement à l'équitation, ou de se promener tranquillement ou d'user indifféremment de jeux et de distractions modestes qui étaient les amusements en usage chez les Lacédémoniens. L'utilité de ces exercices est prescrite dans la vie de Lycurgue, mais il ne sera pas hors de saison de détendre son esprit par le chant, et l'étude des instruments ainsi que nous l'avons dit plus haut. C'était l'usage des Pythagoriciens, et il fût jadis célèbre chez les anciens héros, Homère nous représente Achille se délassant de cette manière au retour de la guerre, et célébrant non des chants d'amour, mais les louanges des hommes courageux. Aussi nous pourrions indiquer ces choses comme délassement, en profiter nous ou d'autres, et choisir ceux qui nous conviendront, comme aux circonstances qui se présenteront. Les usages siciliens portent davantage au repos de l'esprit et à la quiétude, ceux de France à l'excitation et au mouvement, les italiens tiennent le milieu dans les leurs. La mélodie qui ressort du chant ou des instruments est la plus décente, celle qui provient de l'esprit et de la parole paraît convenir aux gens nés libres ; mais danser au son de la musique et conduire des chœurs de femmes, peuvent être regardés comme des plaisirs indignes d'un homme. Encore faut-il retirer quelque fruit de ces choses, comme l'exercice du corps et une grande dextérité des membres, et ne pas rendre les jeunes gens lascifs en corrompant leurs bonnes mœurs par une trop grande industrie. Ce n'est pas le fait d'un jeu militaire, le jeu de l'oie [1], que Palamède inventa pendant la guerre de Troie au rapport des anciens, pour tenir les soldats occupés et préserver une armée oisive, du danger des séditions. Quant aux jeux de hasard, ils excitent trop la cupidité, ou portent trop l'homme à la molesse, car ceux qui agissent ainsi en vue du gain feraient leurs affaires avec laisser aller ou en se plaignant plus qu'il ne convient, et sont d'autant plus lents à chercher le plaisir, qu'ils ne peuvent rien trouver qui les récrée plus honnêtement. Il convient

1. Tabulæ ludus. Je le traduis par le jeu de l'oie à cause des tableaux et estampes qui constituent, et devaient constituer ce jeu, datant en effet de la guerre de Troie.

de s'amuser à ces jeux par art, et surtout suivant les circonstances, mais qu'on en use modérément à moins qu'on n'y trouve aucun art. Je souhaite que les lettres divulguent la raison de toutes ces choses, que vû la grandeur et l'importance du sujet, l'auteur ne pense pas faire une chose inconvenante, car j'estimerais qu'il écrirait là quelque chose de bienséant. Claudius César a écrit un livre sur les jeux de hasard ; ceux qui en sont amateurs, aiment ce genre d'étude, négligeant assurément toute leur substance et pendant le temps de leur vie. Pour ceux qui trouvent du plaisir dans l'étude des lettres, les lectures variées apportent du calme, et une nouvelle lecture fait disparaître l'ennui de l'ancienne. Quelquefois cependant il est nécessaire ainsi qu'on le voit, de ne rien faire, et de manquer entièrement d'occupation, afin de pouvoir enfin suffire à l'œuvre et au travail, car celui qui est le plus tendu finit par être brisé, s'il ne repose quelquefois ses nerfs. De plus, il n'y a pas de temps plus profitable pour le sage que celui ou il ne fait rien, si cependant il peut ne rien faire tout en restant sage. Nous voyons certaines personnes organiser leur temps de la manière suivante, elles donnent un tiers du jour et de la nuit au sommeil, un autre tiers aux repas et au repos, et le reste aux études libérales. Je n'ose pas assez condamner cette manière de faire, et ne peux tout-à-fait l'approuver, mais seulement l'affirmer ; car il serait inconvenant à moi de retrancher quelque chose dans le temps que nous avons à vivre lorsque nous en consacrons un plus long aux bonnes études.

Maintenant nous avons à parler du soin du corps. Qu'il soit décent et non trop recherché, ni trop négligé, mais en même temps qu'à la chose, au lieu et au temps, qu'il convienne surtout à la personne ; car il n'est pas séant de se tenir dans une réunion littéraire avec une couronne sur la tête ou l'habit bas, ni sans respect pour son âge, de se montrer la toque à la main. Il ne faut pas non plus que le fils d'un roi endosse comme un plébéien une tunique vile et sordide, ou qu'il se montre en public avec une clamyde froissée. Un trop grand soin au contraire et l'amour de la beauté dénotent une âme efféminée, et font présumer une grande vanité. On doit cependant pardonner certaines choses aux jeunes gens, et tous leurs travers ne doivent pas être punis avec une sévère réprimande, à moins qu'o. ne craigne qu'ils ne se tournent en vices dans la vieillesse ayant rempli leur jeunesse dans une certaine mesure.

J'ai écrit ces choses pour vous, Ubertin, ainsi que je l'ai annoncé dès le début de mon ouvrage, non tant pour vous enseigner ce que vous avez à faire, que pour vous donner l'idée d'un prince tel que vous êtes si vous suivez la nature. Vous n'avez pas besoin de maître pour arriver à la plus haute vertu, mais défiez-vous de vous-même votre naturel parait promettre de grandes choses. Si je pouvais vous adresser des louanges, je voudrais que vous les acceptiez de moi en les prenant plutôt pour un encouragement à faire le bien qui est la récompense des bonnes actions. Il convient de vous y pousser de toutes vos forces, afin que vous vous montriez l'homme qui réponde à des commencements si généreux et pour ne pas mal user des dons de la nature, ou qu'un naturel si excellent paraisse mentir, ou que je paraisse vous avoir loué en vain, ou que je sois un faux prophète ou un vain sermoneur. Si vous faites bien tout le monde vous appliquera cette présente louange, et ce sera à moi de la consacrer par les lettres, s'il nous est donné en quelque façon de la rendre recommandable à la postérité. Dans tous les cas je serai le seul qui oserai dire franchement, et avouer ouvertement que rien ne parait vous manquer que de la réaliser.

BIBLIOTHÈQUE NATIONALE

Arcis-sur-Aube. — Typ. Léon Frémont.

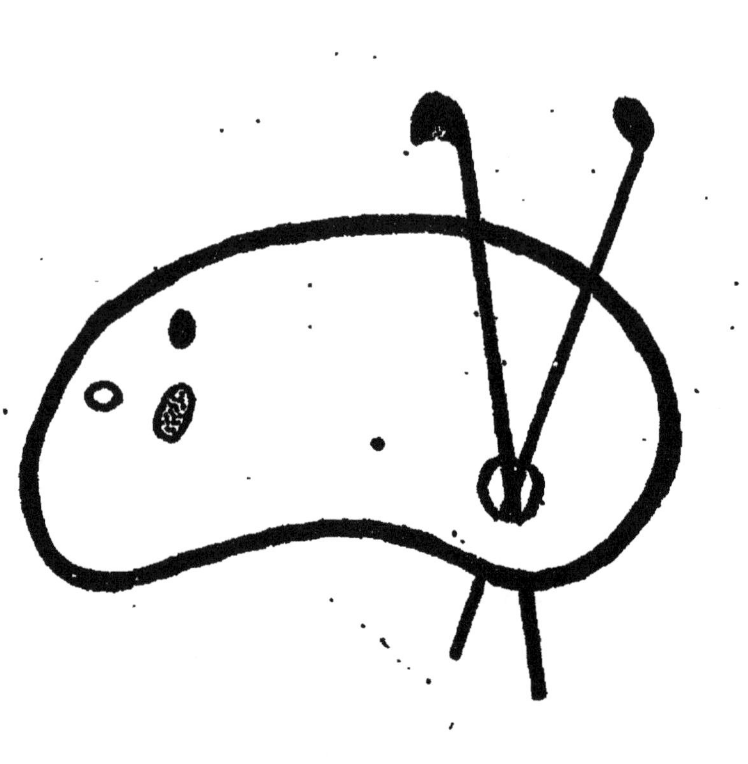

ORIGINAL EN COULEUR
NF Z 43-120-8

www.ingramcontent.com/pod-product-compliance
Ingram Content Group UK Ltd.
Pitfield, Milton Keynes, MK11 3LW, UK
UKHW020343250726
13967UKWH00005B/2093